PAIEMENT
DU PREMIER CINQUIÈME

DES

RECONNAISSANCES DE LIQUIDATION.

OBSERVATIONS

SUR

LES RÉSULTATS POSSIBLES

DU PROJET DE LOI

RELATIF AU MODE DE PAIEMENT DU 1er CINQUIÈME

DES

RECONNAISSANCES DE LIQUIDATION;

Par ARMAND SÉGUIN,

CORRESPONDANT DE L'ACADÉMIE ROYALE DES SCIENCES.

Amicus Plato, sed magis amica veritas.

L'espérance déçue est plus à redouter que le mal prévu.

A PARIS,

DE L'IMPRIMERIE DE LEBLANC.

Février 1821.

OBSERVATIONS

SUR

LES RÉSULTATS POSSIBLES

DU PROJET DE LOI

RELATIF AU MODE DE PAIEMENT DU 1.ᵉʳ CINQUIÈME

DES

RECONNAISSANCES DE LIQUIDATION.

LES résultats du projet de loi relatif au mode de paiement, en annuités, du premier cinquième des reconnaissances de liquidation, seront-ils, dans l'exécution, pécuniairement avantageux au Gouvernement ?

Cette question se rattache aux explications présentées à la Chambre des Députés, par le ministre des finances, dans son discours du 17 février 1821, pour établir l'avantage du mode de paiement en annuités.

Son Excellence s'exprimait en ces termes :

« Le trésor est, dès ce moment, possesseur de 11,400,000 f.
» de rentes : il va en recevoir de nouvelles, pour 3,884,000 f.,
» pour l'acquittement du premier cinquième des reconnais-
» sances de liquidation ; et, successivement, encore pour
» 15,600,000 fr., pour subvenir au paiement des quatre
» autres cinquièmes ; en tout, 31 millions. . . . .

. . . .

» Le 5 juillet 1819, je disais à cette tribune, en m'oppo-
» sant à une augmentation des fonds d'amortissement, que,
» dans dix-huit mois, la rente serait à 80 ; et, que, dans trois

» années, elle serait au pair : la moitié du temps est écoulée;
» la rente est à 84; dans dix-huit mois, elle doit être au pair,
» ou près du pair, si son élévation naturelle n'est arrêtée par
» aucune fausse opération. Mais, jusque là, pourrions-nous
» penser, pourrions-nous dire que notre crédit est brillant?

» La dette de l'Angleterre est énorme: elle effraye notre
» imagination : son fonds d'amortissement est, proportion-
» nellement, de moitié du nôtre ; et, pourtant, 5 francs de
» rentes, dans ses 3 pour 100 consolidés, se font à 120, c'est-
» à-dire, à 20 au-dessus du pair, et ses 5 pour cent sont à
» 107 et 108.

» Pourquoi donc nos 5 pour 100 n'atteindraient-ils pas
» la même élévation? Pourquoi ne se feraient-ils pas au
» pair, incessamment? . . . .

. . . .

» Il y aurait inconvénient grave à jeter, inopinément, sur
» le marché, une quantité de rentes trop considérable qui
» en ferait descendre le cours, et qui, en portant atteinte
» aux fortunes particulières, altérerait également les res-
» sources du trésor ».

Enfin, le ministre énonce cette proposition non moins
digne d'attention.

« Le trésor est possesseur, ou le sera, successivement,
» de 31 millions de rentes : Or, chaque 5 fr. de hausse sur
» la rente, augmente ses ressources de pareille somme de
» 31 millions : Du jour peu éloigné où la rente était à 74 fr.,
» à aujourd'hui où elle est à 84 fr., le trésor est plus riche
» de 62 millions. Sa richesse, c'est-à-dire, la vôtre, sera
» augmentée de 142 millions » (*ce serait bien 161,200,000 f.,
suivant la loi du calcul*), « le jour où elle aura atteint le pair.

» Mais, ce jour, au-lieu de demander aux contribuables
» 31 millions de rentes pour liquider l'État, vous ne leur
» en demanderez que 24; et ils éprouveront une diminution
» annuelle d'impôts de plus de 7 millions.

» D'un autre côté, les rentes actuellement inscrites
» s'élèvent à 143 millions 500,000 francs, déduction faite
» de celles qui appartiennent au Trésor et à la Caisse d'a-
» mortissement : la différence du cours de 77 francs 23
» centimes au pair serait de 750 millions ». (*Autre erreur
bien autrement considérable : Ce ne serait pas 750 millions; la
différence de ce cours, au pair, serait de 653 millions 499,000 francs.
L'erreur est ici de plus de 96 millions.*)

Ces diverses opinions ont entr'elles une liaison intime.

En effet, d''après elles, la fortune nationale ne pourrait
s'accroître des 142 (161) millions promis en perspective,
qu'autant que la rente s'éléverait au pair; et la rente ne
pourrait s'élever au pair, qu'autant qu'on n'en jetterait pas
inopinément sur la place.

Mais pour ne pas jeter inopinément des rentes sur la place,
il faudrait que les porteurs du premier cinquième des reconnaissances de liquidation, usant de la faculté qui leur est
réservée par le projet de loi, exigeassent leur paiement en
annuités et non en numéraire.

Pour que les porteurs de ces reconnaissances choisissent
de préférence le mode de paiement en annuités, il faudrait
qu'ils y trouvassent de l'avantage.

Dans le cas contraire, ils demanderaient indubitablement
leur paiement en numéraire;

Et dès-lors, il y aurait forcément (au-moins d'après la
crainte que semble en avoir le ministre) l'inconvénient de
« jeter inopinément sur la place, une quantité de rentes
trop considérable, qui en ferait descendre le cours ».

La rente, par suite de cette « fausse opération », ne
pourrait, dans l'espace de dix-huit mois, « s'élever au pair ».

Ainsi plus de possibilité de dire que notre « crédit est
» brillant ».

Enfin, anéantissement, ou du-moins diminution considérable, du bénéfice, en perspective, « de 142 (161) millions ».

Notre sort, sous ces divers aspects, serait donc entièrement entre les mains des porteurs de reconnaissances de liquidation.

Leur détermination, dans l'alternative qui leur est laissée, ne pourrait-elle donc pas détruire la perspective du bénéfice entrevu ?

L'évènement va dépendre de leur choix.

Quel sera ce choix ?

Celui que leur dictera leur intérêt.

Tout espoir contraire serait une illusion dangereuse.

Il importe donc d'établir les avantages ou les désavantages pécuniaires, pour les porteurs de reconnaissances de liquidation, des deux modes de paiement, dont ils ont l'option.

Ce premier examen conduira à une seconde question encore plus importante, très-délicate, et que je ne me permets d'aborder, que parce que, tout dévoué au Roi et à mon Pays, et imbu du texte de mes épigraphes, je fais abnégation de toutes les considérations personnelles qui pourraient avoir sur moi d'autre influence.

Cette seconde question, d'une haute importance, est celle-ci:

Est-il vrai, qu'en supposant la réalisation de toutes les données du ministre, il puisse en résulter, pour la prospérité nationale, une augmentation de richesse de 142 (161) millions ?

Est-il vrai que les contribuables seraient déchargés de cette somme de 142 (161) millions, par un dégrèvement annuel et à perpétuité de 7 millions ?

Heureusement pour la solution de cette seconde question, toutes les bases en sont matérielles, et, dès-lors, à l'abri de la divagation des controverses, qui n'ont d'autre appui que la divergence d'opinions.

§ I.er

Quel sera le résultat de l'intérêt qui dirigera les porteurs de reconnaissances de liquidation dans le choix du mode de leur paiement?

Les positions du Gouvernement, dans la loi du 25 mars 1817, et dans le projet de loi relatif au paiement du premier cinquième des reconnaissances de liquidation , sont bien différentes.

Dans la première, le Gouvernement était maître du mode de paiement; il pouvait, à sa convenance, donner des rentes ou des écus.

Dans le projet de loi, le Gouvernement reçoit la loi des porteurs, qui peuvent, à leur volonté, exiger soit des écus, soit des annuités.

Si les porteurs des reconnaissances de liquidation, ont un autre emploi que le placement en valeurs sur le Gouvernement, ces porteurs exigeront indubitablement que leur paiement ait lieu en numéraire.

Si, voulant placer en valeurs sur le Gouvernement, les porteurs ont confiance en l'espèce de prédiction du ministre, ils devront encore, raisonnablement, exiger que leur paiement soit fait en numéraire.

En recevant du numéraire, les porteurs s'assureraient au-moins immédiatement, le placement de leurs capitaux à l'intérêt de près de 6 pour 100 (5,952).

En achetant des rentes au cours de 84 fr., ils obtiendraient cet intérêt pour un temps indéfini ; ils verraient, en outre, leurs capitaux s'accroître par le bénéfice de la hausse du prix de la rente.

Tandis qu'en prenant des annuités, et en supposant la réalisation de la prédiction du ministre, ils ne pourraient obtenir, pendant moins de six ans (terme moyen 3 ans), qu'un intérêt au plus de 6 pour 100, et ne pourraient placer par suite leurs capitaux qu'à l'intérêt de 5 pour 100, en rentes.

au pair ; et sans profiter d'ailleurs, dans ces capitaux, du bénéfice de la hausse de la rente.

Les porteurs pourraient donc ne pas vouloir d'un paiement en annuités, parce qu'il ne leur présenterait, comparativement, que des désavantages.

Et, dans le cas où les porteurs ne partageraient pas l'opinion du ministre, ils exigeraient, plus certainement encore, leur remboursement en écus, parce que, ne se trouvant pas liés, ils conserveraient la faculté de prendre sur la place des annuités, si cela leur convenait, ou de faire tout autre placement, en attendant, suivant leur idée, une baisse dans le prix de la rente, si toutefois cette opinion pouvait leur venir.

Il est donc assez probable qu'il existera plus de demandes de numéraire que d'annuités.

Supposant même que cet ordre de probalités ne se réalise pas ; au-moins sera-t-il possible.

Et, dès-lors, si cela arrive, il faudra se procurer tout numéraire; ou mettre les porteurs dans la nécessité de se contenter des annuités.

Cette dernière supposition semble d'autant moins à craindre, que le texte du projet de loi est formel.

Tout refus de payer en numéraire serait une suspension de paiement.

L'inconvénient serait grave pour le crédit.

Il est certain qu'on s'efforcera d'y parer.

Dès-lors il faudra jeter des rentes sur la place; et dèslors, plus de cours au pair, plus de perspective d'un bénéfice de 142 (161) millions, et plus de soulagement de 142 (161) millions pour les contribuables.

Les porteurs de reconnaissances de liquidation peuvent donc se diviser en deux classes.

Les uns voudront faire de leurs fonds un autre emploi que des placemens sur des valeurs du Gouvernement; et ils exigeront leur paiement en numéraire.

Les autres voudront placer la rentrée de leurs reconnais-

sances en valeurs sur le Gouvernement ; ceux-ci se subdivi-
seront en deux portions.

La première aura confiance dans la prophétie du ministre; par cela même, dans son propre intérêt, mobile
presqu'exclusivement puissant, elle exigera, raisonnablement,
son paiement en numéraire.

L'autre portion doutera de la réalisation de la prophétie;
et par cela même s'assurera immédiatement de son paiement
en numéraire, pourse rendre ultérieurement maître de sa détermination, suivant l'ordre des événemens et de sa convenance.

Les doutes de ces derniers pourraient se baser, raisonnablement, sur des souvenirs et des événemens récens.

Il y a peu de mois, la rente était, ainsi qu'en convient le
ministre, à 74 fr. : Depuis ce moment, il n'a existé dans
l'intérieur de la France aucun événement remarquable qui ait
dû déterminer la hausse : Il y a eu au contraire une inquiète
attente des décisions et des déclarations suprêmes, sur des
circonstances pénibles, qui ont dû agiter les imaginations les
moins susceptibles de terreur; et cependant la rente s'est
élevée avec une rapidité dont il n'y a pas encore eu d'exemple.

Tout s'éclaircit par ces quatre circonstances :

Révolutions de Naples et d'Espagne ;

Achats et transports de rentes, en deux ou trois mois,
pour plus de 150 millions ;

Stagnation du commerce, par suite des troubles extérieurs.

Telles sont, probablement, les principales causes de cette
élévation subite.

Sera-t-elle d'une très-longue durée dans sa progression ?

La solution de cette question dépend de celles-ci :

Le calme se rétablira-t-il promptement en Espagne et à
Naples? Les fonds étrangers, transférés en France, retour-
neront-ils à leur premier placement.

L'activité des négociations intérieures et commerciales,
reprendra-t-elle promptement son cours ?

Les joueurs de la place, dont le principal mobile est l'impulsion primitivement donnée , pourront-ils soutenir le prix des reports continuellement croissans ?

L'avenir prononcera sur tout cela.

Jusque là , toutes les prophéties , de quelque nature qu'elles puissent être, ne peuvent être considérées que comme un tant soit peu hasardeuses.

Il n'en est qu'une sur laquelle on semble réunir presque tous les ordres de probabilités.

C'est, un peu plus tôt, un peu plus tard, la prospérité de la France, replacée au rang que lui assignent son sol, ses lumières, son énergie et son génie.

Voici le calcul simple qui d'abord doit venir à la pensée des porteurs de reconnaissances de liquidation :

Si un porteur vend sur la place une reconnaissance de liquidation de 100 fr., il recevra 106 fr.

En convertissant cette somme en rentes, au taux de 84, il acquerrait 6 fr. 30 cent. de rentes.

En prenant des annuités, comme paiement de ses 100 fr. de reconnaissances de liquidation, il ne recevrait, au-plus, en intérêts, que 6 fr.

Sous le point de-vue du taux de l'intérêt, son plus grand avantage serait donc de vendre, immédiatement, au cours, ses reconnaissances, sans s'embarrasser quel pourra ou devra être leur mode de paiement.

Si, dans dix-huit mois, la prophétie du ministre se réalise, ses 6 fr. 30 c. de rentes, vendus au pair, lui procureraient une somme de 126 fr.

Sa recette actuelle n'aurait dû être que de 106 f.: il aurait donc 20 p. 100 de bénéfice pour dix-huit mois, ce qui donne par année plus de 13 p. 100, en accroissement de ses capitaux.

Pour que, sous ce dernier rapport, son choix de paiement en annuités ne lui fût pas onéreux , il faudrait que dans dix-huit mois le cours de cette valeur fût de 26 p. 100 au-dessus du pair : Une telle bonification est dans l'ordre des choses possibles, mais n'est guères dans l'ordre des choses probables.

§ II.

En supposant que les cinq cinquièmes des reconnaissances de liquidation fussent payés en annuités ; et en supposant que le taux de la rente s'élevât au pair, serait-il vrai que la richesse nationale se trouverait accrue de 142 (161) millions ?

Les Caisses d'amortissement sont, dans tous les Pays, d'excellentes institutions ; mais leur marche et leurs résultats n'ont aucune de ces propriétés magiques qu'on voudrait leur attribuer.

Ce sont des Caisses de libération, dont l'actif s'accroît, chaque année, non-seulement par les sommes qu'on y verse, mais encore par la reproduction, en accroissement de son capital, des rentes qu'elles ont rachetées.

Une Caisse d'amortissement ne peut jamais être considérée sous l'aspect d'un propriétaire ; elle ne peut l'être que sous celui d'un agent comptable.

Elle agit non pour son compte, mais pour celui de son commettant.

Elle n'a pas de richesse par elle-même ; elle reçoit uniquement ce qu'on lui donne, en fait emploi, et remet, au bout d'un temps fixé, le résultat de sa balance active.

Le commettant de notre Caisse d'amortissement, ce sont les contribuables.

Ce sont leurs deniers qui alimentent la Caisse, et, dès-lors, ils éprouvent, plus particulièrement que qui que ce soit, la réflexion des résultats pécuniairement avantageux ou désavantageux des opérations de la Caisse.

Supposons, par exemple, que les contribuables aient contracté une dette de 100 millions, à l'intérêt de 5 pour 100.

Supposons aussi que, pour éteindre cette dette, on crée une caisse d'amortissement.

Supposons enfin que, à la première année, les contribuables donnent à la Caisse une somme de 20 millions.

La Caisse éteindra, avec cette somme, un cinquième de la dette capitale.

Elle devrait donc éteindre également un cinquième des intérêts.

Pour les contribuables, il n'en sera pas ainsi.

Malgré la libération du cinquième de leur dette capitale, les contribuables n'en paieront pas moins, à la seconde année, les cinq cinquièmes (ou la totalité) des intérêts de leur dette capitale primitive.

Ils donneront donc réellement à la Caisse, à la seconde année, 21 millions; savoir, en capital 20 millions, et de plus, 1 million pour l'intérêt de la portion de la dette qu'elle a rachetée dans la première année.

A la fin de la seconde année, le capital de la dette rachetable se trouverait réduit de 41 millions; les intérêts primitifs devraient donc diminuer de $\frac{41}{100}$; mais les contribuables n'en paieront pas moins encore la totalité des intérêts primitifs, comme s'il n'y avait pas eu de libération d'aucune portion du capital.

En définitive,

La totalité des sommes, employées par une Caisse d'amortissement, est une charge momentanée pour les contribuables.

L'emploi de la totalité de cette charge diminue d'autant leur fortune et leur jouissance annuelles, pour augmenter leur fortune et leur jouissance futures.

Sous ce point-de-vue, la Caisse d'amortissement peut être envisagée sous l'aspect d'un homme, qui, voulant s'assurer une existence pour ses vieux jours, se déterminerait à placer, pendant une cinquantaine d'années, et chaque année, une somme fixe de 100 fr. ; à n'en pas toucher les revenus pendant les cinquante années; et, au contraire, à les ajouter au capital de son placement, pour l'augmenter d'autant, et produire cumulativement.

En supposant les placemens à 5 pour 100, il jouirait, à

la cinquantième année, d'un capital de. . . . .   22,080 fr.
ou d'un revenu de. . . . .   1,104 fr.

A ne considérer que les extrêmes, de tels résultats peuvent, superficiellement, sembler magiques; en approfondissant les détails, on n'y découvre d'autre magie que celle de l'addition.

Défendons-nous donc de toute exagération, de tout prestige; de semblables rêves paralysent trop souvent des forces qu'on devrait employer plus utilement.

Quoi qu'il en soit, le point important, pour l'instant, est de ne pas perdre de vue, qu'en dernière analyse, tous les fonds, sans distinction, qu'utilise la Caisse d'amortissement, sortent de la poche des contribuables ; et que, à la balance définitive, tous les avantages et tous les désavantages qui résulteraient de l'ensemble des opérations de la Caisse, tourneraient à l'avantage ou au désavantage des contribuables.

Ainsi, en établissant, pour une opération quelconque, la position de la Caisse d'amortissement, on établit réellement la situation des contribuables.

De ces premiers aperçus, on peut déduire les propositions suivantes :

L'action de la Caisse d'amortissement ne peut avoir lieu qu'après l'émission de la rente dont la libération lui est confiée.

Le résultat de cette action, quel qu'il soit, est un des élémens de la fortune des contribuables , commettants de la Caisse.

Cette théorie fort simple du mécanisme et des effets d'une Caisse d'amortissement, donnerait des résultats mathématiquement prévus et certains, si la dette avait été contractée au même prix que s'en opérerait sa libération, et si nous devions rendre identiquement l'objet que nous aurions reçu.

Mais, dans notre position, toutes choses ne sont pas égales.

Notre dette est certaine et fixe, et le prix de notre libération est essentiellement variable.

Nous avons emprunté des capitaux, et nous avons donné des rentes.

Ce sont des rentes que nous devons éteindre ; et le prix de leurs rachats est variable.

Il semblerait donc, au premier aspect, que l'intérêt de notre libération devrait tendre à ne pas donner aux rachats un prix plus élevé que celui des créations de rentes.

En effet si, après l'émission, le cours de la rente émise s'élève, il y a perte pécuniaire dans la libération ; et, dès-lors, diminution dans la fortune des contribuables.

Si, après l'émission, le cours de la rente émise baisse, il y a bénéfice pécuniaire dans la libération, et, dès-lors, accroissement dans la fortune des contribuables.

Si donc, en thèse générale, on n'envisageait uniquement que l'intérêt des contribuables, la baisse, après l'émission, serait plus favorable que la hausse.

Mais il existe, dans ces considérations, d'autres aspects, dont l'influence ne peut être négligée.

Ces nouveaux aspects sont :

L'avantage d'un prix élevé, lors de nouvelles émissions de rentes.

L'intérêt des propriétaires de rentes.

Sous ces deux aspects, la hausse du prix est bénéfice ;

Mais elle vient combattre et détériorer l'intérêt des contribuables.

Pécuniairement, les contribuables auraient intérêt à la baisse.

Pécuniairement, les rentiers auraient intérêt à la hausse.

Numériquement, ces intérêts opposés se balancent exactement.

Il existe cependant entr'eux une différence de nuance bien prononcée.

L'intérêt pécuniaire des contribuables à la baisse est absolu.

L'intérêt pécuniaire des rentiers à la hausse n'est que relatif : il n'existe qu'au moment de la réalisation du capital primitif ; dans tout l'intervalle, la quotité du revenu n'en éprouve aucun changement.

La hausse est perte pour les contribuables ;

La hausse est bénéfice pour les propriétaires de rentes.

Doit-on désirer perte pour les uns, et gain pour les autres ?

Serait-il possible qu'aucun ne fût lésé , et que chacun trouvât son compte en résultat ?

Cet équilibre serait la perfection.

On ne peut l'atteindre qu'en balançant convenablement ces trois motifs d'influence ;

Intérêt des contribuables.

Intérêt des rentiers.

Avantage dans le placement des nouvelles émissions possibles.

Si cet équilibre était détruit, il y aurait nécessairement lésion pour l'un des intéressés ;

Pour l'instant, cette lésion serait d'autant moins excusable, qu'elle ne serait pas *indispensable*.

La nécessité de cet équilibre conduirait naturellement à rechercher si, d'ici à quelques années, il serait desirable, il serait utile que le cours de la rente sélevât au pair.

J'avais, pour moi seul , traité matériellement et dans son ensemble, cette question délicate; je différais de publier les résultats de mon travail , jusqu'au moment où le besoin d'émettre des rentes n'eût plus existé : je persistais d'autant plus dans cet ajournement, que , jusques ici, chacun, satisfait du cours actuel de la rente, bornait ses réflexions à cette pensée, qu'il n'était guères possible de désirer mieux , et se trouvait content, même reconnaissant.

Mais aujourd'hui que la trop séduisante perspective d'un bénéfice de 142 (161) millions, et d'un cours au pair, pouvant être saisie sans hésitations , viendrait ouvrir la voie de l'exagération des prétentions, et que la plus petite distance du but indiqué pourrait changer la nature de la sensation, je me détermine à extraire de mon plan quelques observations générales, pour ramener sur la question le doute et l'attention.

Une grande espérance déçuc peut laisser d'amers regrets.

Il est dans l'essence humaine de s'approprier d'avance le résultat des promesses avantageuses.

Lorsqu'un espoir de peu d'importance éprouve, dans sa réalisation, un léger accroissement, l'amélioration semble être une perfection.

Lorsqu'un espoir d'une importance bien plus considérable est déçu , de quelque peu que ce soit, la reconnaissance se résout, trop souvent, dans cette ingrate pensée : C'est bien, mais cela aurait dû être mieux.

Quoi qu'il en soit, je différerai la publication de l'ensemble de mon travail, et je ne m'en permettrai l'impression qu'autant que l'intérêt du Roi et celui de mon Pays m'en feront un devoir.

En attendant, il est important de dire, avec confiance, et sans se faire d'illusion :

Avec l'action d'une Caisse d'amortissement, il est impossible de concilier et de faire marcher de front

Elévation du cours de la rente ,

avec

accroissement dans la fortune des contribuables.

Or, comme la prophétie d'un bénéfice de 142 (161) millions, nécessairement *complexe* dans ses élémens, ne repose que sur une seule de ses bases, dont la plus considérable a été négligée, elle me paraît mal assise, et susceptible de controverse.

Je crois donc de mon devoir de la discuter.

Au demeurant, personne plus que moi ne rendra cependant plus de justice à la droiture et aux louables intentions personnelles du ministre des finances.

Je prendrai pour guide les communications données

par M. de Villèle, dans son Discours prononcé à la Chambre des Députés, le 15 février 1821.

Sa qualité de Ministre-Secrétaire d'Etat garantit l'exactitude des données expliquées dans le passage suivant de son Discours :

« Calculez l'action toujours croissante de votre » Caisse d'amortissement, qui a déjà racheté 20 millions » de rentes, et qui en achetera cette année pour 80 mil-» lions ».

Mes points de départ seront les 31 millions de rentes, dont le Trésor sera possesseur; et les trois cours de 74-84-100, posés, dans le discours du Ministre, pour bases de conjectures.

Dans l'opinion de progression de hausse, entrevue par le Ministre, ma marche est celle qui peut le plus favoriser, dans ses résultats, sa perspective d'amélioration dans la fortune des contribuables.

Voici les bases de mes calculs :

Les 31 millions de rentes seraient négociés aux cours de 74, ou de 84, ou de 100. Dans chacune de ces hypothèses, j'établis le produit de ces diverses négociations.

Je ne perds pas de vue que nous avons une caisse d'amortissement, alimentée des deniers des contribuables, qui doit racheter sur la place les 31 millions de rentes.

Je supposerai que les rachats s'opéreraient aux prix des émissions; et cette supposition, dans l'idée émise, et que j'adopterai de confiance, que le cours des rentes va progressivement monter au pair, me semble la plus favorable à la perspective d'amélioration entrevue dans la fortune des contribuables.

Voici les divers résultats du calcul, suivant les conjectures des cours de la rente à 74, 84 et 100 fr.

COURS DE 74 f. P. 5 f. DE RENTES. *

Vente des 31 millions de rentes. — 458,800,000 fr.

AMORTISSEMENT DE 31 MILLIONS DE RENTES.

Années.	Capital servant à libération.	Rachats de rentes.
1.re	80,000,000 f.	5,405,400 f.
2.e	85,405,400	5,770,600
3.e	91,176,000	6,160,500
4.e	97,336,600	6,576,800
5.e	103,913,400	7,021,200
6.e	968,600	65,500
Total.	458,800,000	31,000,000

Il y a donc égalité de prix reçu et de prix rendu.

COURS DE 84 f. P. 5. f. DE RENTES.

Vente des 31 millions de rentes. — 520,800,000 fr.

AMORTISSEMENT DES 31 MILLIONS DE RENTES.

Années.	Capital servant à libération.	Rachats de rentes.
1.re	80,000,000 f.	4,761,900 f.
2.e	84,761,900	5,045,350
3.e	89,806,200	5,345,610
4.e	95,151,900	5,663,800
5.e	100,815,700	6,000,940
6.e	70,264,300	4,182,400
Total.	520,800,000	31,000,000

* Pour ne pas fatiguer l'attention, je supprimerai les détails, et je négligerai la valeur des derniers chiffres.

Il y aurait toujours égalité de prix dans la vente et dans le rachat.

COURS DE 100 *f. P. 5 f.* DE RENTES.

Vente des 31 millions de rentes. — 620,000,000 fr.

AMORTISSEMENT DES 31 MILLIONS DE RENTES.

Années.	Capital servant à libération.	Rachats de rentes.
1.re	80,000,000 f.	4,000,000 f.
2.e	84,000,000	4,200,000
3.e	88,200,000	4,410,000
4.e	92,610,000	4,630,500
5.e	97,240,500	4,862,000
6.e	102,102,500	5,105,130
7.e	75,847,000	5,792,370
Total.	620,000,000	31,000,000

La même égalité se trouve encore dans la recette et dans la dépense.

COMPARAISON

des débours des contribuables, aux trois taux de rachats.

Années	Au cours de 74.	Au cours de 84.	Au pair.
1.re	80,000,000 f.	80,000,000 f.	80,000,000 f.
2.e	85,405,400	84,761,900	84,000,000
3.e	91,176,000	89,806,200	88,200,000
4.e	97,336,600	95,151,900	92,610,000
5.e	103,913,400	100,815,700	97,240,500
6.e	968,600	70,264,300	102,102,500
7.e	»	»	75,847,000
Total.	458,800,000	520,800,000	620,000,000

Ainsi , les contribuables auraient à débourser pour le rachat des 31 millions de rentes vendus ,

au cours de 74 fr. . . . . 458,800,000 fr.
au cours de 84 fr. 520,800,000
au cours de 100 fr. 620,000,000

Ce qui donne, relativement au cours de 74 fr., un excédant de débours, sur le prix de 84 fr. de   62,000,000 fr.

Cet excédant serait sur le prix de 100 fr. de 161,200,000 fr.

A-la-vérité, la vente des 31 millions de rentes , dans les mêmes termes de comparaison, offre un excédant égal de recette.

Si cette plus-value est *bénéfice*, l'excédant en débours est *perte* ;

Ainsi :

Bénéfice d'une part,

perte de l'autre part,

d'une même somme de 142 (161) millions

dans un intérêt commun ,

donnent bien pour résultat

zéro.

Telle sera, malheureusement, la réalité qui remplacera, au réveil, une illusion qui provient, sans doute uniquement, de ce que la question *complexe* n'a été présentée que sous une *face isolée*.

Remarquerait-on que le rachat ne s'opère qu'en plusieurs années; mais il ne faut pas en conclure de suite que ce retard est un bénéfice pour le contribuable, puisqu'en outre de ses contributions pour racheter, il continue de contribuer et de payer pour les intérêts des portions de rentes non-rachetées : il paie donc bien cette espèce de bénéfice de temps : le retard n'est donc pas *bénéfice*.

En recherchant jusqu'à quel point de réalité pourrait se

fonder le bénéfice prédit de 142 (161) millions, dans la tendance au pair du prix de la reute, mes vues ont dû se borner sur la portion de 31 millions de rentes, dont le trésor sera possesseur. Je ne dépasserai pas cette limite, et je ne veux pas considérer au-delà, relativement à l'action et à l'objet général de l'amortissement, les conséquences d'une élévation au pair du prix de la rente. Ce motif de méditation, sur la totalité des émissions, serait encore bien plus digne de fixer l'attention: mais ses résultats, en *sens inverse* de la perspective annoncée d'une augmentation de 142 (161) millions dans la fortune des contribuables, acquerrait tant *d'amplitude*, qu'on redouterait, avec raison, d'en aborder et d'en envisager, pour l'instant, l'ensemble; et qu'on serait bien excusable, non-seulement dans l'intérêt des contribuables, mais encore dans celui de la prospérité nationale, de se demander : Si le vœu d'un cours au pair, dans un bref délai, ne devrait pas suggérer quelques réflexions, et faire naître quelque peu d'hésitation.

L'intention de détruire une illusion dangereuse, si je ne me trompe, dont les suites pourraient, suivant moi, devenir extrèmement graves, a dicté cet écrit.

Puissions-nous n'avoir jamais à nous rappeler, qu'en perspective d'amélioration, on saisit trop rapidement une espérance que la réalité viendrait détruire en son temps, mais *trop tard* !

On ne saurait cependant que louer l'intention : car, tout se fait pour le *mieux*.

Le mieux, souvent, est l'ennemi du bien.

ARMAND SEGUIN.